BEI GRIN MACHT SICH IHR WISSEN BEZAHLT

AF155713

- Wir veröffentlichen Ihre Hausarbeit,
  Bachelor- und Masterarbeit

- Ihr eigenes eBook und Buch -
  weltweit in allen wichtigen Shops

- Verdienen Sie an jedem Verkauf

Jetzt bei www.GRIN.com hochladen
und kostenlos publizieren

Sportmarketing. SWOT-Analyse, Merchandising, Digitalisierung sowie Sponsoring

Bibliografische Information der Deutschen Nationalbibliothek:

Die Deutsche Nationalbibliothek verzeichnet diese Publikation in der Deutschen Nationalbibliografie; detaillierte bibliografische Daten sind im Internet über http://dnb.d-nb.de abrufbar.

ISBN: 9783346693105
Dieses Buch ist auch als E-Book erhältlich.

© GRIN Publishing GmbH
Nymphenburger Straße 86
80636 München

Alle Rechte vorbehalten

Druck und Bindung: Books on Demand GmbH, Norderstedt Germany
Gedruckt auf säurefreiem Papier aus verantwortungsvollen Quellen

Das vorliegende Werk wurde sorgfältig erarbeitet. Dennoch übernehmen Autoren und Verlag für die Richtigkeit von Angaben, Hinweisen, Links und Ratschlägen sowie eventuelle Druckfehler keine Haftung.

Das Buch bei GRIN: https://www.grin.com/document/1255044

Deutsche Hochschule für
Prävention und Gesundheitsmanagement
Hermann-Neuberger-Sportschule 3
66123 Saarbrücken

Hausarbeit

Studiengang	**Sportökonomie**
Studienmodul	**Sportmarketing**
Datum Präsenzphase (siehe Ergebnisdokumentation)	**11.10.2021 – 13.10.2021**
Aufgabe	**Einsendeaufgabe**

Inhaltsverzeichnis

1   SWOT-ANALYSE TSG 1899 HOFFENHEIM 4

1.1   Stärken 4

1.2   Schwächen...5

1.3   Chancen...6

1.4   Risiken...6

1.5   Strategien basierend auf Basis einer SWOT-Matrix 7

   1.5.1   S-O-Strategie...7

   1.5.2   W-O-Strategie 8

   1.5.3   S-T-Strategie 8

   1.5.4   W-T-Strategie..8

2   MERCHANDISINGKONZEPT VOLLEYBALLVEREIN 9

2.1   Wer 9

2.2   Was 9

2.3   Wem...10

2.4   Bedingungen 10

2.5   Kanäle..10

2.6   Begleitmaßnahmen..11

2.7   Zeitraum...11

3   DIGITALISIERUNG 11

3.1   Kurzbeschreibung des Vereins 11

3.2   Zielgruppe der App..11

3.3   Inhalt der App 12

3.4   Chancen und Risiken der App 12

3.5   Erhöhung des Bekanntheitsgrad 13

4   SPONSORING **13**

4.1   Sponsorenprodukte und ihre Distributionskanäle 13

4.2   Sponsoringprozesse 13

    4.2.1   Festlegung der Ziele 13

    4.2.2   Schnittmengeanalyse der Zielgruppen 14

    4.2.3   Fünf Sponsoring-Einzelmaßnahmen 14

    4.2.4   Erfolgskontrolle des Sponsorships 15

5   LITERATURVERZEICHNIS **16**

6   TABELLENVERZEICHNIS **16**

1 SWOT-Analyse TSG 1899 Hoffenheim

1.1 Stärken

Die TSG 1899 Hoffenheim weist diverse Stärken auf. Das größte Potenzial besitzt der Verein in ihrer Ausbildung im Nachwuchsleistungszentrum. An drei Standorten werden von Kinderperspektivteams bis hin zur U23 Jugendliche sowohl im sportlichen als auch im schulischen Bereich gefördert (TSG-Hoffenheim, 2021). Durch diese gute Ausbildung von Jugendtalenten kann der Verein nachhaltig profitieren, um sie später an den Profibereich heranwachsen zu lassen. Die besten Beispiele für diese gute Ausbildung sind unter anderem die Nationalspieler Niklas Süle und Jonas Hofmann oder auch Dennis Geiger und Christoph Baumgartner, die noch heute für den Verein spielen. Diese Spieler kann man sowohl für eine Ablösesumme an andere Vereine verkaufen um somit finanziell nachhaltig zu wirtschaften, aber sie natürlich auch in der eigenen Bundesligamannschaft spielen lassen.

Auch der sportliche Erfolg spricht für die TSG 1899 Hoffenheim. Mit Zwischenstationen über die Landesliga oder Regionalliga konnte man am 16.08.2008 sein Bundesligadebüt gegen den 1. FC Energie Cottbus geben. Als bisher beste Platzierung ist die Saison 2017/2018 zu nennen wo die TSG den dritten Platz belegte und somit die direkte Qualifizierung zur UEFA Champions League schaffte. Dies generierte sowohl erhöhte Einnahmen durch Fernsehgelder aber auch eine steigende internationale Bekanntheit. In der vergangenen Bundesligasaison 2020/2021 belegte die TSG den elften Platz.

Eine weitere Stärke ist der technische Fortschritt in Bereichen der Trainingsgestaltung oder der Datenanalyse. Die enge Zusammenarbeit mit Softwareunternehmen und Sponsoringpartner „SAP" bietet hier natürlich einen großen Vorteil. Die Aufbereitung von Daten aus der Spielanalyse und Spieleranalyse bietet einen großen Mehrwert für den Trainings- und Wettkampfprozess. So kann man sich taktisch und inhaltlich auf Gegner vorbereiten, eine gezielte Leistungsdiagnostik durchführen und individuell das Training sowie deren Belastung steuern. Auch die Einbindung neuer Technologien wie dem „Footbonaut" oder der „Helix" helfen in der Trainingsentwicklung der Spieler (Söhnlein K. & Borgmann S., 2018).

1.2 Schwächen

Die wohl größte Schwäche ist die finanzielle Abhängigkeit von Investor Dietmar Hopp. In der Bundesliga gilt die sogenannte „50+1" Regelung, die besagt, dass immer mindestens 51 Prozent der Anteile dem Verein gehören müssen. So verhindert man, dass die Investoren die Mehrheit eines Vereins übernehmen und so die Stimme der Vereinsmitglieder an Einfluss verlieren. Bei der TSG 1899 Hoffenheim besitzt jedoch Dietmar Hopp 96 Prozent der Stimmmehrheit. Möglich macht dies eine Sonderregelung der DFL (Deutsche Fußball Liga) die besagt, dass man diese Regelung umgehen kann wenn man den Verein länger als 20 Jahre fördert. Somit ist man nicht nur finanziell sondern auch an der Einstellung und der Meinung zu verschiedenen Entscheidungen stark abhängig gegenüber Dietmar Hopp (Sport1 GmbH, 2015).

Eine weitere Schwäche ist die relativ geringe Bekanntheit des Vereins sowohl im internationalen als auch im nationalen Bereich. Grade im internationalen Bereich ist die Marke Hoffenheim im Vergleich zur nationalen Konkurrenz wie dem FC Bayern München oder Borussia Dortmund weitaus weniger bekannt. Dies hat zur Folge, das man weniger Einnahmen aus Fernsehgeldern und Merchandising Artikeln generiert (Woisetschläger, Backhaus, Dreisbach & Schnöring, 2015) .

Auch das Image der TSG 1899 Hoffenheim ist im Vergleich zur nationalen Konkurrenz eher als schlecht zu bezeichnen. Da man erst im Jahre 2008 in die Bundesliga aufgestiegen ist, weist die TSG keine Traditionshistorie wie beispielsweise Bayern,Gladbach oder Dortmund auf. Auch die Abhänigkeit gegenüber Dietmar Hopp wird in der Öffentlichkeit nicht gut dargestellt, so muss der Verein Anfeindungen von Fangruppen anderer Bundesligakonkurrenten öffentlich ertragen. Des Weiteren wird der Club in der Öffentlichkeit als ein „künstlicher" Verein mit einer sehr kleinen Fangemeinschaft wahrgenommen (Woisetschläger, Backhaus, Dreisbach & Schnöring, 2015).

1.3 Chancen

Eine große Chance ist gleichzeitig die größte Stärke des Vereins. Mit Hilfe der Jugendausbildung kann der Verein weiterhin diesen erfolgreichen Weg gehen um durch Spieler Ablösesummen und Transfergewinne zu generieren. So kann man der Unabhängigkeit gegenüber Dietmar Hopp entgegenwirken. Auf der anderen Seite bietet eine gute Jugendarbeit ein gutes Fundament, um Spieler aus der eigenen Jugend in der Profimannschaft spielen zu lassen um so auf teure Transfers verzichten zu können.

Aktuell ist die TSG im Mittelfeld der Bundesliga platziert, die Vergangenheit hat jedoch gezeigt, dass man auch die Qualifikation zur UEFA Champions League oder der UEFA Europa League schaffen kann. Dies hilft dem Verein international bekannter zu werden und so ihre Marketing- und Merchandisingziele zu erreichen.

Eine weitere Chance ist die wachsende Beliebtheit der Sportart Fußball. Viele Unternehmen erkennen diesen wachsenden Markt um Sponsoringaktivitäten durchzuführen, somit profitieren sowohl der Verein als auch das Unternehmen. In Kombination mit der wachsenden Beliebtheit von Fußball steigt auch die Kommerzialisierung der Fußball Bundesliga. Die Einschaltquoten im Fernsehen steigen und somit auch die Einnahmen die man durch Fernsehgelder generieren kann.

1.4 Risiken

Eine großes Risiko ist die fehlende Konkurrenzfähigkeit zu Topklubs wie Borussia Dortmund, FC Bayern München oder RB Leipzig. So besteht immer das Risiko das Leistungsträger der TSG den Verein in Richtung Spitzenklub verlassen. Bestes Beispiel dafür ist Nationalspieler Niklas Süle der die TSG für den FC Bayern verlassen hat. Aktuell kursieren Gerüchte das sich der kroatische Nationalspieler Andrej Kramaric umorientieren möchte. Die TSG ist zwar nicht mehr als klassisches „Sprungbrett" für eine große Karriere zu betrachten, allerdings kann man sowohl finanziell als auch sportlich nicht mit den Spitzenklubs mithalten.

Desweiteren ist der Aufstieg 2017/2018 des VfB Stuttgarts in die Fußball Bundesliga als Risiko zu betrachten. Grade die regionalen Sponsoren könnten sich tendenziell eher für einen Traditionsverein entscheiden, aber auch die Gewinnung von Anhängern für die TSG Hoffenheim ist nun deutlich schwerer geworden. Man teilt sich eben dasselbe Einzugsgebiet und so kann es sowohl zu einem wirtschaftlichen als auch zu einem „Imagekampf" kommen. Dies spiegelt sich vorallendingen in der Stadionauslastung wieder, indem man in der Zuschauertabelle ganz unten steht.

Ein weiteres Risiko ist nach wie vor die Abhängigkeit gegenüber Dietmar Hopp. Wie bereits erwähnt besitzt Hopp 96 Prozent der Stimmrechte und kann somit alle Entscheidungen des Vereins alleine treffen. Auch das fortgeschrittene Alter von Hopp kann man als Risiko betrachten, so weiß man nicht wie lange man noch auf Unterstützung in sämtlichen Formen hoffen kann.

1.5 Strategien basierend auf Basis einer SWOT-Matrix

Tabelle 1: SWOT-Matrix TSG 1899 Hoffenheim (eigene Darstellung)

SWOT-Matrix	Chancen (Opprtunities)	Risiken (Threats)
Stärken (Strengths)	**S-O-Strategien:**	**S-T-Strategien:**
	-fortschreitende Beliebtheit des Sports Fußball nutzen	-Nachwuchsarbeit weiter erfolgreich verfolgen
	-Regelmäßige Platzierungen unter den ersten sieben um international zu spielen	-Geld reinvestieren um Netzwerke und Nachwuchsleistungszentren aufzubauen
Schwächen (Weaknesses)	**W-O-Strategien:**	**W-T-Strategien:**
	-Image verbessern um Mitglied und eine größere Fangemeinschaft aufzubauen	-regionales Image im Vergleich zum VfB Stuttgart verbessern
	-Kooperationen mit Start-Up Unternhemen	-Plan B entwickeln bei Geldstopp von Dietmar Hopp

1.5.1 S-O-Strategie

Die TSG sollte weiterhin die immer fortschreitende Beliebtheit des Sports Fußball wahrnehmen und nutzen, um so die Stadionauslastung zu erhöhen. Dies würden Mehreinnahmen durch Ticketverkäufe bedeuten, womit man sich weiter finanziell unabhängig von Dietmar Hopp macht. Zusätzlich würden sportliche Erfolge den Bekanntheitsgrad des Vereins erhöhen. Regelmäßige Platzierungen zwischen Platz eins und sieben würde die Qualifikation zur UEFA Champions League oder UEFA Europa League bedeuten. Dies generiert eine erhöhte Medienpräsenz und Unternehmen sind dadurch an einem B2B Geschäft interessiert.

1.5.2　W-O-Strategie

Da die TSG Hoffenheim eine niedrige Fangemeinschaft als auch Mitglieder hat, ist es eine gute Strategie das Image zu verbessern und sich letzendlich auch bekannter und beliebter zu machen. Durch Familientage, Events oder Wohltätigkeits-Organisationen kann der Verein an Aufmerksamkeit und Sympathiepunkten gewinnen. Zusätzlich kann sich die TSG mit Start-Up Unternehmen verbinden, die auch erfolgreich wirtschaften, jedoch keine lange Tradition aufweisen. Diese Gemeinsamkeit kann man sich im gegenseitigen Interesse zu nutze machen.

1.5.3　S-T-Strategie

Da der Verein eine sehr gute Nachwuchsarbeit leistet, ist es möglich talentierte Spieler auszubilden und sie anschließend für eine Ablösesumme zu verkaufen. Diese Gewinne können in den weiteren Ausbau des Nachwuchszentrum reinvestiert werden, so dass trotzdem weiterhin junge talentierte Spieler den Weg zur TSG 1899 Hoffenheim finden. So soll beispielsweise ein interkontinentales Netzwerk entstehen und ein Nachwuchsleistungszentrum nach Hoffenheimer Vorbild in Brasilien beim „Barra FC" (Rhein-Neckar-Zeitung, 2021).

1.5.4　W-T-Strategie

Damit man auf regionaler Ebene bei Vereinen, wie dem VfB Stuttgart mithalten möchte, muss man wie bereits in der W-O-Strategie beschrieben das Markenimage des Vereins wesentlich verbessern. Zusätzlich sollte man einen finanziellen Plan entwickeln. Sollte Dietmar Hopp keine Investitionen mehr tätigen, so wäre man im Falle des Geldstopps auf alle Eventualitäten vorbereitet und man kann den normalen „Alltag" weiterführen ohne Insolvenz anzumelden.

2 Merchandisingkonzept Volleyballverein

Im Folgenden wird ein Merchandisingkonzept für einen Volleyballverein entwickelt, die ein 30-Jähriges Jubiläum feiern.

2.1 Wer

Das Sortiment wird in kompletter Eigenverantwortung übernommen, bei dem der Verein den Vertrieb von Fanartikel über interne Vertriebswege steuert. So spart man zusätzliche Kosten über Dritte. Zusätzlich wird auch die Zusammenstellung des Fanartikelsortiments in kompletter Eigenregie erfolgen.

2.2 Was

Alle Merchandisingartikel werden in eine Sortimentsarchitektur unterteilt, die aus dem Kernsortiment, Zusatzsortiment und Randsortiment bestehen.

Zum Kernsortiment gehört ein speziell angefertigtes Jubiläumstrikot sowie einen Jubiläumsschal. Das Trikot wird in den Vereinsfarben gehalten, besitzt ein Jubiläumszeichen auf der Brust und kann individuell auf dem Rücken beflockt werden. Der Schal wird auch in den Vereinsfarben gehalten und besitzt eine große 30 auf beiden Enden des Schals.

Das Zusatzsortiment besteht aus Accesoires zum Tragen. Der erste Artikel ist eine Baseballcap. Auch dieser Artikel wird in den Vereinsfarben gehalten und besitzt vorne ein eingesticktes Jubiläumslogo. Der zweite Artikel ist eine FFP2-Maske auf der auf beiden Seiten das Jubiläumslogo sowie eine 30 steht. Diese Maske ist als 5er-Pack zu erhalten.

Das Randsortiment besteht aus einer Tasse und einem Reisekissen. Die Tasse wird ebenfalls in den Vereinsfarben gehalten und besitzt vorne das Jubiläumslogo. Das Kissen ist mit 40x40 Zentimetern relativ klein gehalten, um es auf Reisen benutzen zu können oder daheim. Auch das Kissen wird in den Vereinsfarben gehalten und besitzt das Jubiläumslogo auf beiden Seiten.

2.3 Wem

Mit diesem Konzept sollen vorallendingen sportinteressierte Menschen sowie potenzielle Neukunden gewonnen werden, also der tertiären Zielgruppe. Die primäre Zielgruppe, bestehend aus den Mitgliedern und Zuschauern, soll ebenfalls angesprochen werden.

2.4 Bedingungen

Die Merchandisingartikel werden mit Hilfe der Marktpreisstrategie angeboten. Die Preise besitzen dementsprechend keine großen Abweichungen nach unten oder oben und werden im Durchschnitt des Marktes angesetzt. Die Preise bleiben somit wettbewerbsfähig und viele Menschen können sich die Artikel leisten.

Die Vereinsmitglieder besitzen die Möglichkeit die Artikel mit einem Rabatt von 15 Prozent zu erwerben. Dies hilft die Artikel unter die breitere Bevölkerung sichtbar zu machen um somit neue potenzielle Käufer zu finden.

Zum Ende der Saison werden die übrig gebliebenen Artikel bei einer großen Rabattaktion mit bis zu 50 Prozent verkauft, um Platz für das nächste Sortiment zu schaffen.

2.5 Kanäle

Der Verein wählt verschiedene Wege für den Verkauf.

Der größte Teil wird im Eigenbetrieb verkauft. Unter der Woche gibt es zu den Trainings-beziehungsweise Hallenöffnungszeiten die Möglichkeit in den Gängen der Halle die Artikel zu kaufen. Zusätzlich werden die Artikel bei Heimspieltagen vor dem Spiel, während der Pause und nach dem Spiel verkauft. Ebenfalls kann man über die vereinsinterne Internetseite die Artikel unter dem Reiter „Shop" während des Aktionszeitraum kaufen.

Im Fremdvertrieb kann man die Artikel im lokalen Sportfachhandel kaufen.

2.6 Begleitmaßnahmen

Als Begleitmaßnahmen werden vorallen Dingen, die sozialen Medien genutzt, aber auch die lokale Zeitung. Soziale Medien sind für diejenigen gedacht, die vielleicht noch kein Vereinsmitglied sind und werden mit kleineren Aktionen und Gewinnspielen beworben. Die lokale Zeitung richtet sich an die allgemeine breitere Bevölkerung und erreicht somit alle Menschen.

2.7 Zeitraum

Die Artikel werden ab dem ersten Heimspieltag angeboten und sind bis zum letzten Saisonspiel zu erwerben.

3 Digitalisierung

3.1 Kurzbeschreibung des Vereins

Tabelle 2: Vorstellung Jugendverein (eigene Darstellung)

Vereinsangebot	Breitensport
Mitgliederzahl	667
Anzahl bezahlter Mitarbeiter	8
Anzahl ehrenamtlicher Mitarbeiter	35

3.2 Zielgruppe der App

Die erste Zielgruppe zielt auf alle Personen ab, die unmittelbar mit dem Verein zu tun haben. Die Terminierung von Spielen, Neuigkeiten oder die Teamvorstellungen sind ein großer Teil, um immer aktuell über den Verein informiert zu sein. Des Weiteren kann die App von den bereits vorhandenen Mitgliedern benutzt werden, um bei „Nicht-Mitgliedern" für den Verein zu werben.

Die zweite Zielgruppe zielt auf die allgemeine Bevölkerung ab. Ein Ziel ist es die Anlagen zu vermieten, um so einen Mehrgewinn zu generieren. Das zweite Ziel ist der Verkauf von Merchandisingartikeln. Resultierend daraus, möchte man mehr Mitglieder im Verein haben, um so einen höheren Mitgliedsbeitrag zu generieren.

3.3 Inhalt der App

Tabelle 3: Inhalt der App (eigene Darstellung)

Themen	Mehrwert für den Kunden	Mehrwert für den User
Neuigkeiten des Vereins	Der Kunde hat eine unkomplizierte und bequeme Möglichkeit Nachrichten an die User der App zu versenden.	Der User weiß immer über die neuesten Nachrichten des Vereins bescheid und bleibt so immer aktuell.
Teamvorstellung mit Spielplan und Tabelle der jeweiligen Teams	Der Kunde hat zu jedem Zeitpunkt über jede Mannschaft eine Übersicht der Erfolge und der Kader der jeweiligen Mannschaften.	Der User kann sich die Mannschaften, Tabelle und die Spiele der jeweiligen Mannschaften angucken. So ist es zum Beispiel möglich die Terminierung der nächsten Spiele herauszufinden.
Shop	Der Kunde besitzt die Möglichkeit Merchandisingartikel direkt über die App zu verkaufen.	Der User kann sich stets mit den neuesten Merchandisingartikeln bekleiden.
Buchung von verschiedenen Plätzen	Der Verein besitzt verschiedene sportliche Plätze (zum Beispiel Basketball, Fußball oder Beachvolleyball) und diese stehen außerhalb der Trainingszeiten zur Vermietung bereit. So kann der Verein zusätzlichen Gewinn machen.	Der User besitzt die Möglichkeit direkt über die App verschiedene Plätze anzumieten und zu nutzen.

3.4 Chancen und Risiken der App

Eine Chance besteht in der Mitgliedergewinnung. Nicht-Mitglieder haben so eine gesamte Übersicht über den Verein und können sich so ganz schnell einen Gesamteindruck über den Verein machen. Sie sehen die Fortschrittlichkeit und Möglichkeiten des Vereins und wollen so zu Mitgliedern werden. Des Weiteren bietet die App eine gute Werbemöglichkeit, um alle Teams zu präsentieren und sticht so mit einer guten digitalen Präsenz heraus.

Ein Risiko ist der Verlust von persönlichem Kontakt. Die schnellen Kommunikationswege verhindern den persönlichen Kontakt, beispielsweise bei Buchung von Plätzen oder Bestellungen der Merrchandisingartikel. Des Weiteren brauchen die Mitglieder/Nicht-Mitglieder wesentlich weniger persönliche Beratung zu diversen Themen die den Verein betreffen.

3.5 Erhöhung des Bekanntheitsgrad

Die erste Möglichkeit bietet sich über die sozialen Medien des Vereins. Der Verein kann so direkt für die App werben und spricht so eine breitere Masse an.

Die zweite Möglichkeit bietet sich in den Räumlichkeiten des Vereins. Auf Wänden und Türen kann man Plakate aufkleben die die App bewerben.

Die dritte Möglichkeit bietet sich über die vereinsintenterne Website, um so die mobile App zu bewerben.

Die letzte Möglichkeit bietet sich über die Zeitung, um so eine breitere Masse auf die App hinzuweisen.

4 Sponsoring

4.1 Sponsorenprodukte und ihre Distributionskanäle

Bei dem Unternehmen handelt es sich um eine Firma die Nahrungsergänzungsmittel und Sportklamotten herstellt. Für die Läufer, die am Event teilnehmen, wird es kostenlose Eiweißshakes, Energy Booster, Vitamine, Riegel und vieles mehr geben. So können die Sportler für diese Produkte werben und diese in ihren Sportlerkreisen bekanntmachen. Selbstverständlich kann jeder andere Besucher die Produkte auch käuflich erwerben.

Des Weiteren ist jeder Sportler mit den selbstproduzierter Sportbekleidung ausgestattet, damit jeder Besucher diese sehen und bewundern kann. Auch die Bekleidungen sind an verschiedenen Verkaufsständen käuflich zu erwerben.

4.2 Sponsoringprozesse

4.2.1 Festlegung der Ziele

Das erste Ziel findet auf kognitiver Ebene statt. Durch das Sponsoring der Läufer und der Verkauf der Produkte an verschiedenen Verkaufsständen möchte man die Markenbekanntheit des Unternehmens steigern.

Das zweite Ziel findet affektiv statt. Die Läufer sollen von den Produkten positiv berichten, die sie benutzt haben. Mit Hilfe der Produkte konnten die Läufer ihr individuelles Ziel erreichen (zum Beispiel den Halbmarathon in einer bestimmten Zeit schaffen) und somit steigert man das Image des Unternehemens. Zusätzlich schafft man so eine Grundlage an Sportlern, die die Produkte benutzen und helfen so dem Aufbau des Unternhemens.

4.2.2 Schnittmengeanalyse der Zielgruppen

Tabelle 4: Schnittmengenanalyse der Zielgruppen (eigene Darstellung)

Zielgruppe des Sponsors	Schnittmenge	Zielgruppe des Gesponserten
-Läufer des Events -Sportler und Athleten die Nahrungsergänzungsmittel und Sportbekleidung benötigen -Nicht-Sportler die Sportbkleidung oder Nahrungsergänzungsmittel benötigen	-Produkte des Unternehmens, wie zum Beispiel Energy Booster, Proteinpulver oder Bekleidung	-Unternehmen die dem Läufer und allen anderen Sportler beim Erreichen ihrer Ziele helfen (Bekleidung und Nahrungsergänzungsmittel)

4.2.3 Fünf Sponsoring-Einzelmaßnahmen

Die erste Maßnahme findet über Plakatwerbung, Zeitungsanzeigen, Flyern oder Fahnen statt. Man soll zu jederzeit analog das Logo bzw. das Unternehemn in irgendeiner Werbeform sehen.

Die zweite Maßnahme findet über die Pressearbeit statt. Vor und nach dem Event werden diverse Interviews und Pressekonferenzen gehalten, wo das Produkt beworben werden kann.

Die dritte Maßnahme ist die kostenlose Bereitstellung der Produkte für die Läufer.

Die vierte Maßnahme ist eine gezielte Planung von Unterhaltungsangeboten, die neben dem eigentlichen Event stattfinden. So kann man zum Beispiel diverse „Spiele" veranstalten, bei dem ein Gewinn ein beliebiges Produkt des Unternehmens sein kann.

Eine letzte Maßnahme ist die Hospitality von ausgewählten Gästen und unternehmensrelevanten Personen. So kann man zum Beispiel potentielle Kooperationspartner zu abgegrenzten VIP-Bereichen einladen, um so B2B durchzuführen und die Produkte bekannter zu machen.

4.2.4 Erfolgskontrolle des Sponsorships

Die Erfolgskontrolle kann über die Effektivitätskontrolle am besten nachverfolgt werden. So kann man die Läufer befragen wie ihnen die Produkte gefallen und welche Anregungen sie haben. Des Weiteren kann man Inhaltsanalysen zu spezifischen Produkten machen, um so zu verstehen was an einzelnen Produkten noch verbessert werden kann. Um eine Kontrolle über das Marketing zu haben sollte man ein „Market Contact Audit" durchführen. So kann man verstehen welche Kundengruppe am meisten Einfluss über den Erfolg haben und ob das Unternehmen ein qualitativ hochwertiges Produkt besitzt.

5 Literaturverzeichnis

Hellmann, F. (2015). Ein Mann ein Verein. Zugriff am 28.10.2021. Verfügbar unter https://www.sport1.de/news/fussball/bundesliga/2015/02/dietmar-hopp-bekommt-mehrheit-bei-1899-hoffenheim-trotz-50-1-regel

Schmidt, E. (2021). Dietmar Hopp will es wissen und hat große Pläne. Zugriff am 28.20.2021. Verfügbar unter https://www.rnz.de/sport/regionalsport_artikel,-tsg-hoffenheim-dietmar-hopp-will-es-wissen-und-hat-grosse-plaene-_arid,749092.html

Söhnlein, K. Borgmann, S. (2018). Diagnostik von Exekutivfunktionen im Fußball.

TSG 1899 Hoffenheim Fußball Spielbetriebs GmbH (2021). Zugriff am 28.10.2021. Verfügbar unter https://www.tsg-hoffenheim.de/akademie/alle-infos/ueberblick/

Woisetschläger, D. Backhaus, C. Dreisbach, J. Schnöring, M. (2015). Die Markenlandschaft der Fußball-Bundesliga. *Technische Universität Braunschweig,* 16-18.

6 Tabellenverzeichnis

Tabelle 1: SWOT-Matrix TSG 1899 Hoffenheim (eigene Darstellung)

Tabelle 2: Vorstellung Jugendverein (eigene Darstellung)

Tabelle 3: Inhalt der App (eigene Darstellung)

Tabelle 4: Schnittmengenanalyse der Zielgruppen (eigene Darstellung)

BEI GRIN MACHT SICH IHR WISSEN BEZAHLT

- Wir veröffentlichen Ihre Hausarbeit,
  Bachelor- und Masterarbeit

- Ihr eigenes eBook und Buch -
  weltweit in allen wichtigen Shops

- Verdienen Sie an jedem Verkauf

Jetzt bei www.GRIN.com hochladen und kostenlos publizieren